INHALTSVERZEICHNIS

MIT MENSCHEN- UND

MIT PFARRERSZUNGEN

IMMER NOCH?

Ein fremder Beichtvater hält auch die Sonntagsmesse und predigt und predigt und predigt ... Die Leute rutschen schon ganz unruhig auf den Bänken hin und her, denn das sind sie von ihrem Pfarrer nicht gewohnt. Plötzlich hört man eine helle Kinderstimme: „Mutti, ist noch Sonntag?"

VORSICHTSMAẞNAHME

Am Samstagabend fragt der Pfarrer den Kaplan, worüber er zu predigen gedenke. Der Kaplan: „Ich dachte an die Tugend der Sparsamkeit!"
Der Pfarrer: „In Ordnung, aber wir werden die Kollekte wohl besser vorher einsammeln!"

BUßÜBUNG

Der Wanderzirkus macht im Dorf Station. Ein Artist geht Abends zur Beichte. Der Pfarrer fragt ihn danach, was er denn für ein Artist sei. Dieser macht ihm einige Kunststücke vor: Salto, Kopfstand ohne Hände, Rolle. Dann läuft er auf den Händen zum Beichtstuhl zurück. Der Pfarrer gibt ihm beeindruckt den Segen.
Aus der hinteren Ecke kommt die nicht ganz dünne Rosi aufgeregt zum Pfarrer: „Aber mir geben sie nicht so eine schwere Buße auf."

BEICHTE

ABSENDER

Einem Geistlichen wurde vor der Predigt ein Brief überreicht. In dem stand nur ein einziges Wort: „Blödmann". Der Gemeinde erzählte er davon und meinte: „Ich kenne viele Beispiele dafür, dass jemand einen Brief schreibt und dann vergisst, ihn zu unterschreiben. Aber das ist der erste Fall, dass jemand unterschreibt und den Brief zu schreiben vergisst!"

UNBEDECKT

Pfarrer Bornstett pflegt seine Predigt vom Manuskript abzulesen, das er eine halbe Stunde vor Beginn des Gottesdienstes auf die Kanzel legt. Eines Sonntags entwendet ein junges freches Gemeindemitglied heimlich die letzte Seite. Was passiert? Gerade liest der Pfarrer vor: „Und Adam sprach zu Eva...", da blättert er weiter, findet das letzte Blatt nicht, sucht durch das Manuskript und wiederholt, um Zeit zu gewinnen: „Und Adam sprach zu Eva..." Plötzlich fügt er leise hinzu, aber über die Lautsprecher ist es bis in die letzte Bank deutlich zu vernehmen: „...da fehlt doch ein Blatt!“

GESUNDES MITTELMAß

„Liebe Gemeinde, wenn ich mir die Autos vor der Kirche betrachte, dann freue ich mich: Es gibt kaum Arme in unserer Gemeinde. Und wenn ich in den Kollektenkorb schaue, dann freue ich mich auch: Es gibt kaum Reiche in unserer Gemeinde.“

BADEGÄSTE

Es stand an der Kathedrale: „Der Dompropst heißt alle Touristen herzlich willkommen. Er möchte aber darauf hinweisen, dass in der Kirche keine Gelegenheit zum Schwimmen gegeben ist. Daher ist es völlig unnötig, die Kathedrale in Strandkleidung zu betreten.“

INKONSEQUENTES HANDELN

Ein Offizier und ein Pfarrer sitzen in einem Zugabteil.

„Hätte ich einen Trottel zum Sohn“, meint nach einer Weile der Offizier zum Pfarrer, „dann würde ich ihn zum Pfarrer machen.“

„Dann denken Sie aber anders als Ihr Vater“, erwiderte der Pfarrer.

VERNICHTENDER GESANG

Sagt der Pfarrer beim Gottesdienst: „Unser Organist kann heute leider nicht spielen. Ich stimme das Lied 71 an, danach fällt die ganze Kirche ein!“

WER SPIELT?

Sagt der Pfarrer zum Küster: „Keine Menschenseele in der Kirche, nicht mal der Organist. Wer spielt denn da?“ Sagt der Küster: „Bayern gegen Leverkusen!“

PRINZIPIEN

Ein Prälat zeigt einem Mitbruder seine enorme Bibliothek.
Fragt dieser: „Könnte ich mir da mal ein paar Bücher ausleihen?“
Darauf der Prälat: „Unter gar keinen Umständen, das sind alles geborgte Bücher!“

DIE GELÜBDE

Im Religionsunterricht fragt der Pfarrer seine Schüler: „Was ist ein Gelübde? Wer weiß es?“ Darauf Fritzchen: „Ich weiß es, Herr Pfarrer – mein großer Bruder hat nämlich eine!“

KENNERBLICK

„Ihr schaut immer nur auf das Äußere, auf das hübsche Gesicht und das hübsche Kleidchen“, wettert der strenge neue Kaplan gegen die leichtfertigen Liebschaften der jungen Burschen. „Ich aber sage euch: Ihr solltet mehr das sehen, was darunter ist!“

DUMME FRAGEN

Fritzchen kommt aus der Kirche. „Na, was hat der Pfarrer gesagt?“ „Er hat gesagt: Die Eltern sollen ihre Kinder nicht so viel fragen, sondern selber in die Kirche kommen!“

WER BIETET MEHR?!

Einen Berner Pfarrer verdross es, dass ein alter Bauer jedes Mal während seiner Predigten einnickte. Kurz entschlossen versprach der Geistliche dem Enkel des Alten zehn Räppli, wenn er seinen Großvater durch einen Schubs wachhalte.

Einige Sonntage ging alles gut. Aber am fünften Sonntag nach der Übereinkunft sank der Großvater wieder in Schlummer, und der Enkel an seiner Seite rührte sich nicht.

„Was soll das heißen?“ fragte der Pfarrer den Knirps nach dem Gottesdienst. „Bekommst du nicht pünktlich deine zehn Räppli, damit ...“

„Mei Großbappe“, unterbrach ihn der Bub, „gibt mir jetzt zwanzig, wänn ich'n schlafe lass ...“

17 ←

GLAUBE SOFT

Dialog zwischen zwei Pfarrern, wie man den Kirchenbesuch wieder beleben könne:
„Wir haben jetzt gepolsterte Sitze, die Kniebänke sind abgeschafft, jede Woche halten wir einen Vortrag über aktuelle Themen, und zweimal im Monat spielt eine Jazzkapelle. Aber die Kirche wird und wird nicht voll. Können Sie mir wohl sagen, was wir noch versuchen sollen?"
„Lieber Mitbruder, ich würde es mal mit Religion versuchen."

LIED GUT – PREDIGT ...

Der würdige alte Kirchendiener einer mitteldeutschen Universitätsstadt hatte eine dreistufige Wertskala für die Probepredigten eingeführt, die er sich anhören musste.
Seine beste Wertung war: „Sie werden eine Posaune des Herrn werden."
Der zweite, vermutlich besonders häufige Grad der Anerkennung lautete: „Sie haben mich erbaut."

Aber auch bei einer noch so schlechten Predigt wusste er ein tröstliches Wort: „Sie haben die Lieder gut gewählt."

KATZENJAMMER

Die Leute in einem Dorf wollten nicht mehr recht zur Kirche kommen. Der Pastor beschloss eine sensationelle Werbeaktion. Er ließ am Pfingstsonnabend bekannt machen, morgen werde der Heilige Geist in der Kirche erscheinen. Dabei sagte er dem Küster Bescheid, er solle heimlich eine Taube fliegen lassen. Nun aber besaß der Pastor eine Katze. Die ging am Sonntagmorgen unbemerkt hinter ihm her in die Kirche, hinauf auf die Chorempore und fraß die dort bereitgestellte Taube auf. Und so kam es dann, wie es kommen musste. Mit gewaltiger Gebärde ruft der Pastor: „Der Heilige Geist erscheine!" – Pause, Schweigen. „Der Heilige Geist erscheine!" – Pause. Dann die bekümmerte Stimme des Küsters von der Empore: „Den Heiligen Geist hat die Katze gefressen!"

HIRT ODER SCHAF?

Der Pfarrer steht vor der Gemeinde, und es soll der Hirtenbrief des Bischofs verlesen werden: „Die Predigt muss heute ausfallen, denn ich habe euch etwas Wichtiges zu sagen."

WER'S GLAUBT, WIRD SELIG

WENN'S HILFT

Kommt ein Pfarrer zu Besuch zu einem Freund und sieht, dass der ein Hufeisen über der Tür hängen hat. „Was soll denn das mit dem Hufeisen, du glaubst doch wohl nicht daran, dass das Glück bringt?"
„Natürlich nicht", erwidert der Freund, „aber ich habe mir sagen lassen, dass es auch hilft, wenn man nicht dran glaubt".

GÖTTLICHE BRANDSTIFTUNG

Der Blitz hat in den Kirchturm eingeschlagen. Der Pfarrer geht von Dorf zu Dorf um für den Neubau zu sammeln. Überall sammelt er reichlich ein. Dann kommt er zum Erwin Mayrhofer, der will absolut nichts geben. Auf die Frage des Pfarrers hin meint der: „Also Herr Pfarrer, für jemanden, der sein eigenes Haus anzündet, gebe ich keinen Pfennig."

PAPST AM STEUER

Der Papst reist im Auto durch die menschenleere Ödnis Kanadas. Plötzlich sagt der Papst zu seinem Fahrer: „Lassen sie mich mal ans Steuer."

Der Chauffeur: „Aber heiliger Vater ..." Doch der Papst unerbittlich: „Mich sieht doch keiner, der Herr ist mit mir ..."

Glücklich klemmt er sich hinters Steuer und fährt los. Erst 60 Meilen, dann 80 Meilen, 100 ... Da ertönt die Sirene der Highway Police. Der Papst stoppt, und die Polizisten klopfen ans Fenster. Noch bevor der Papst ein Wort sagen kann, rennen sie zu ihrem Wagen und funken die Zentrale an: „Wir haben hier eine Geschwindigkeitsübertretung." „Ja und, dann kassieren Sie halt ..." „Aber es ist eine wichtige Persönlichkeit." „Na und, auch wenn's ein Minister ist, kassieren Sie endlich." „Aber er ist noch viel wichtiger!" „Ja, wer ist er denn?" „Wissen wir auch nicht, aber der Papst ist sein Fahrer!"

ZUR VERNUNFT GEKOMMEN

Ein Prüfling wird gefragt, wer das Sakrament der Firmung gültig spenden kann. Seine Antwort lautet: „Jeder Bischof, der zum Gebrauch der Vernunft gekommen ist."

BEGNADIGT

Ein Fürstbischof ist auf der Jagd. Er schießt auf eine Wildgans. Da er nicht mehr gut sieht, fragt er seinen Sekretär: „Gut getroffen?" – Darauf dieser: „Seine Exzellenz haben geruht, die Wildgans zu begnadigen!"

WEIßE WESTE

„Was für Sünden soll ich Ihnen eigentlich bekennen, ich gehe jeden Sonntag in die Messe, führe ein geregeltes Leben, gehe früh schlafen, bin pünktlich zur Arbeit und ich lese jeden Tag in der Bibel." „Ja, ja, gut, gut, mein Sohn, aber das wird sich leider wohl alles ändern, wenn du hier rauskommst“, unterbricht ihn der Gefängnispfarrer.

BRÜDERLICH GETEILT

„Mein Vater hat mir zehn Euro versprochen, wenn ich in Religion eine Eins bekomme“, erzählt Fritzchen dem Pfarrer. „Na dann streng dich mal an“, meint der Pfarrer zu ihm. „Ich hätte da einen besseren Vorschlag“, meint Fritzchen, „sie geben mir eine Eins und dann teilen wir.“

STEUERSATZ

Fritzchen schreibt einen Brief an den lieben Gott: „Bitte schick mir 100 Euro!“ Der Brief landet beim Bundeskanzler, der 5 Euro zurückschickt.
Schreibt Fritzchen: „Danke, aber warum hast du ihn über den Kanzler geschickt? Der hat doch glatt 95% Steuern einbehalten!“

SICH MAUSERN!

In einem Kloster soll es – wenigstens früher – verboten gewesen sein, dass einer bei Tisch für sich selber etwas Fehlendes reklamierte; das war das Amt seines Nachbarn, und so passte jeder auf den andern auf.
Da sah einmal ein Pater zu seinem Entsetzen eine tote Maus in seiner Suppe schwimmen. Was tun? Sich beschweren durfte er nicht, und sein Nachbar bemerkte es nicht. Und so winkte er den Bruder, der Tischdienst hatte, herbei und flüsterte ihm zu: „Mein Nachbar hat noch keine Maus in der Suppe!"

ZUVIEL DES GUTEN

Ein Mädchen aus gut katholischem Haus hat einen Freund, der nur einen Fehler hat: Er ist evangelisch. Eines Tages nimmt die Mutter ihre Tochter beiseite: „Hör mal, dein Freund ist wirklich ein netter Mann, aber wenn er dich heiraten will, dann muss er katholisch werden. Wenn ihr zusammen spazieren geht, musst du ihm viel von unserer Kirche erzählen, vom Papst, den Bischöfen, den vielen Heiligen und Märtyrern und von dem schönen Gottesdienst."

Die Tochter verspricht das. Dann kommt sie eines Abends tränenüberströmt nach Hause. „Was ist los?", fragt die Mutter. „Hat es nicht geklappt? Er will wohl nicht katholisch werden?" „Im Gegenteil! Viel schlimmer: jetzt will er Priester werden!"

BETEN ERLAUBT

Ein Jesuit sitzt im Park, liest in seinem Brevier und raucht dabei. Ein Franziskaner wandelt betend vorbei und staunt über den Jesuiten. Sie diskutieren darüber, ob man beim Beten rauchen darf. Sie beschließen ihre Oberen zu fragen. Später treffen sie sich wieder. Der Jesuit sitzt wieder auf der Bank, betet und raucht dabei. Der Franziskaner: „Mein Oberer hat gesagt, dass Beten eine heilige Handlung ist und man dabei nicht rauchen sollte.“ Der Jesuit: „Und ich habe meinen Oberen gefragt, ob man beim Rauchen beten darf.“

31 ←

FANGFRAGE

„Herr Kandidat", fragt der Examinator den theologischen Prüfling, „sagen Sie mir: werden alle Gebete erhört?"
Der Unglückliche, der schon gefährlich auf der Kippe steht, überlegt, dass es immer besser sei, Gott zu viel statt zu wenig zuzutrauen, und antwortete beherzt: „Ja."
„Na, dann bitten Sie jetzt einmal Gott recht dringend, dass Sie dieses Examen bestehen möchten."

WER GLAUBT DENN DA?

Ein bekannter bekennender Atheist kehrt in einer eleganten Gesellschaft stolz seinen Unglauben heraus und wettert gegen die Kirche und gegen die Christen. Da sagt ein bescheidener Besucher: „Wichtig ist nicht die Frage, ob Sie an Gott glauben." „Welche denn?" „Ob Gott an Sie glaubt.

FROMME GEBETE

Auf dem Land sitzt ein alter Bauer vor der Kirche auf der Bank. Es ist Sommer und es hat lange nicht geregnet. Da kommt eine Schulklasse vorbei und will in die Kirche. „Was wollen Sie denn mit den Kindern in der Kirche?“, fragt der Bauer. „Wir wollen um Regen bitten.“ antwortet die Lehrerin. „Seien Sie froh, dass Kindergebete nicht erhört werden, sonst wären sie längst ihren Job los.“

DER ALTE TRICK MIT DEM APFEL

Ein Pastor besaß einen Apfelbaum. Aber die Äpfel daran wurden immer auf unerklärliche Weise weniger, und eines Tages, gerade als er sie pflücken wollte, waren sie in der Nacht zuvor alle gestohlen worden. Nein, zwischen den Ästen hing noch ein einziger Apfel, den der Dieb offenbar übersehen hatte. Daraufhin beschloss der Bestohlene, den Täter während des Gottesdienstes herauszufinden. Er nimmt den einen Apfel mit in die Kirche, schildert in seiner Predigt, wie alle Äpfel von seinem Baum gestohlen worden sind, und ruft schließlich: „Den letzten Apfel will ich dem Dieb an den Kopf werfen!“ – Er holt aus, da ruft eine Frau erregt: „Karl-Heinz, duck dich.“ Und der Mann neben ihr verschwindet unter der Bank. Der Pastor aber lacht befriedigt: „Nun, weiß ich, wer mir die Äpfel gestohlen hat!“

EINE FRAGE DES STANDPUNKTS

Ein fleißiger Kirchgänger nach dem sonntäglichen Gottesdienst:
„Eine schöne Predigt war das. Heute hatte ich zum ersten Mal das Gefühl, dass er nicht mich persönlich meint.“

SCHWIERIGER FALL

„Wenn ich Ihnen helfen soll, muss ich alles von Ihnen wissen“, sagt der Psychiater. „Bitte erzählen Sie und fangen Sie bitte vorne an!“ Patient: „Am Anfang schuf ich HImmel und Erde ...“

CHRISTENTUM UND SEIFE

Vor der New Yorker Kathedrale sagt ein Seifenfabrikant zu einem Priester: „Das Christentum hat doch in den 2000 Jahren nichts erreicht, es wird gepredigt und gepredigt, aber alle wollen nur Geld und ein schönes Leben. Die Menschen sind keinen Deut besser geworden.“
Der Priester zeigt auf einen kleinen Jungen mit dreckigen Händen und Knien. „Seife hat auch nichts erreicht. Es gibt überall noch schmutzige Menschen.“
„Na ja, Seife hilft nur, wenn man sie anwendet.“ Da nickt der Priester: „Eben, Christentum auch.“

NICHT VOM BROT ALLEIN

VON DER HEILSAMEN WIRKUNG DES ALKOHOLS

Ein Pfarrer hat bei sich in der Gemeinde einen Trinker. Er denkt darüber nach, wie er ihn heilen könne. Eines Tages geht er zu ihm und fragt: „Warum trinkst du, mein Sohn?"
Der Trinker antwortet: „Weil es mir Spaß macht."
Der Pfarrer überlegt, wie er die Seele retten könnte. Er lässt sich zwei Gläser geben und füllt das eine mit Wasser, das andere mit Schnaps. Dann holt er aus dem Garten einen Wurm. Zuerst wirft er ihn in das Wasser.
„Siehst du", sprach der Pfarrer, „er schwimmt."
Dann wirft er ihn in den Schnaps. Der Wurm stirbt sofort. „Siehst du, was passiert? Sage mir nun, was du daraus lernst..."
Der Trinker erwidert seelenruhig: „Dass Trinker keine Würmer haben ..."

HANDICAP

„Ich kann Ihr Leiden nicht genau feststellen“, sagt der Arzt, „wahrscheinlich ist der Alkohol daran schuld!“ – „Macht nichts“, sagt der Mann, „dann komme ich wieder, wenn Sie nüchtern sind, Herr Doktor.“

AUF DER JAGD

Der Pfarrer stochert wie besessen auf seinem Teller herum. Da fragt die Haushälterin besorgt: „Was machen Sie denn da?“ – „Schnitzeljagd!“

LANGE HER

Ein Pfarrer sagt zur Haushälterin. „Bei aller Liebe, aber dieses Steak ist ungenießbar, so hart ist es!!“ – Die Haushälterin gibt zurück: „45 wärn Se froh gewesen, wenn sie’s gehabt hätten.“ „Ja,ja“ sagt der Pfarrer, „45! Da war’s ja auch noch frisch!!“

GUTER RAT

Predigt des jungen Priesters: „Und immer wenn ich einen Betrunkenen aus einer Kneipe kommen sehe, sage ich zu ihm: Du bist auf dem falschen Weg, kehre um!“

AUSNÜCHERTUNGSMETHODEN

Ein Mann liegt auf der Straße. Die Leute denken, er stirbt, und holen den Pfarrer.
Fragt der: „Willst du die letzte Ölung, mein Sohn?"
Lallt der Mann: „Nein, jetzt nur nichts Fettiges!"

GESCHICHTENERZÄHLER

Als der Mann wieder betrunken nach Hause kommt, baut sich die Frau vor ihm auf und sagt: „Na, und was wirst du mir heute wieder für eine Geschichte auftischen, wo du herkommst?" – „Ach", sagt der Mann, „duuu, bisss eine sooo kluge Frau, denk dir doch selber mal was aus, wo ich herkomme!"

WERBEKAMPAGNE

Ein Pfarrer findet vor der städtischen Brauerei einen Betrunkenen liegen: Er tritt heran und fragt mitleidig: „Sie liegen wohl hier Reklame?"

MAN MUSS SICH NUR ZU HELFEN WISSEN

Ein Betrunkener sucht verzweifelt unter einer Laterne nach irgendwas. „Was suchen Sie denn?“, kommt ihm der Pfarrer zu Hilfe. „Meinen Schlüüüssssl.“ Gemeinsam suchen sie weiter.
Nach einiger Zeit sagt der Pfarrer:
„Aber sind Sie sicher, dass Sie ihn hier verloren haben?“
„Nö, verlorn hab ich ihn dort drüben, aber da is kein Licht!“

43 ←

WELCHER MOND?

Ein Betrunkener quatscht den Polizisten am Abend auf der Straße an: „Sach ma, is deer Mond nu eigentlich grün oder gelb?“ „We-Welcher, der linke o-oder der reschte?“

SCHWERE ENTSCHEIDUNG

Die Haushälterin kommt aus der Küche. „Es sind schon wieder so viele Kartoffeln übriggeblieben. Kaufen wir nun die Sau, oder beantragen wir einen Kaplan?“

WAHRHAFT SELBSTLOS

Der Pfarrer predigt gegen den Egoismus und gegen die Gier. „Die Menschen denken nur noch an sich, an ihre Vergnügungen, an das Trinken und Essen. Während wir zum Beispiel hier noch in der Kirche sind, sitzen die meisten Leute schon drüben in der Gastwirtschaft und essen mir den leckeren Kalbsbraten weg.“

FASTENZEIT

Der Bischof sitzt beim Frühstück, als ein Pfarrer angemeldet wird. Der Bischof lässt diesen eintreten und bittet ihn zu Tisch: „Frühstücken Sie doch mit mir." „Danke, Herr Bischof", erwidert der Pfarrer, „erstens ist heute Fasttag und zweitens habe ich schon reichlich gefrühstückt."

ESSEN FÜR PILATUS

Im Kloster wird gebaut. In der Küche bleibt jede Menge Suppe übrig. Die Oberin schickt die Küchenschwester mit der Suppe zur Baustelle, um sie an die Arbeiter zu verteilen. Überlegt die Schwester: „Bevor ich den Arbeitern die Suppe gebe, möchte ich doch wissen, wie es um ihren Glauben steht." Als erstes trifft sie den Polier. Sie fragt ihn: „Kennen Sie Pontius Pilatus?" Der Polier schreit nach oben: „Kennt einer den Pontius Pilatus?" „Warum?", tönt es zurück. „Seine Alte ist da und bringt ihm das Essen!"

IHR KENNT NICHT DEN TAG

ERSCHWERTER EINTRITT

Es klopft an der Himmelspforte.
Petrus öffnet die Tür und sieht draußen einen bleichen Mann stehen. Der bleiche Mann sagt: „Hallo , I bin der Hub-“
Und schon ist er wieder verschwunden.
Petrus denkt sich nur:
„Das ist ja ein komischer Kauz“, und geht.
Eine halbe Minute später – das gleiche Spiel.
Es klopft, Petrus öffnet, der Mann steht draußen, sagt „Hallo, I bin der Hub-“ und ist auch schon wieder weg.
So geht es fünf Minuten lang.
Dann wird es Petrus zu dumm und er beschwert sich beim lieben Gott:
„Was sagst denn du dazu.
Da klopft alle halbe Minute ein Mann an der Tür, sagt ‚Hallo, I bin der Hub-‘ und verschwindet wieder.“
Der liebe Gott überlegt einen Moment und erwidert dann:
„Ja Petrus, den kenne ich.
Das ist der Huber Sepp, der wird gerade reanimiert ...“

NÜTZLICH

Bei der Beerdigung des toten Lateinprofessors Kunkel meinte ein Kollege: „Kunkel war ein toller Altphilologe. Er beherrschte sieben tote Sprachen!“ – „Die wird er ja jetzt brauchen können!“

49 ←

HIMMLISCHE RUHE

Ein Priester trifft einen Rabbi und sagt: „Du, Rabbi, ich habe heute nacht geträumt, ich war im jüdischen Himmel. So viele Leute! Ein Geschrei und Gestank nach Knoblauch! Nicht auszuhalten!“ „Ja“, sagt der Rabbi, „Mir hat heute nacht auch geträumt, ich war im katholischen Himmel. Eine himmlische Ruhe! Wohlgerüche! Und kein Mensch da ...“

ZUR SICHERHEIT

Ein Millionär liegt im Sterben und ruft den Pfarrer. „Herr Pfarrer, wenn ich mein Vermögen der Kirche vermache, kann ich dann sicher sein, in den Himmel zu kommen?“ „Versprechen kann ich nichts“, meint der Pfarrer, „aber versuchen sollten Sie es auf alle Fälle.“

SPÄTE RACHE

Ein alter Bayer liegt im Sterben. Die ganze Familie ist um ihn herum versammelt. Der älteste Sohn fragt den Vater: „Vatter, hast du vleicht noch an letzten Wunsch?“ – „Jao, i mecht die Praissiche Staatsbirgerschaft annemmen!“ – „Ja, wieso denn-naa?“, fragt der Älteste entsetzt, „du bist doch dai ganzes Lehm a gstandner Bayr gwesn. Warum willst denn das jezet?“ Der Alte richtet sich noch weiter auf und sagt mit gebrochener Stimme: „Jao, wenn i naert sterb, da is widder so a Sauprais weniga!!“

KEIN NOTFALL

Ein Frau betritt die Buchhandlung. „Ich suche ein Buch für einen Kranken“ – „Etwas Religiöses?“ – „Nein, nein, so schlimm ist es noch nicht!“

VERDIENSTE

Ein Pfarrer und ein Reisebusfahrer warten zusammen an der Himmelstüre und bitten um Einlass. Als Petrus aufmacht, bittet er den Reisebusfahrer hinein und verwehrt dem Pfarrer den Eintritt.
Auf die Frage des Geistlichen hin antwortet Petrus: „Ganz einfach! Jedes Mal, wenn die Menschen in deiner Kirche waren, haben sie geschlafen, aber jedes Mal, wenn sie im Bus gesessen haben, haben sie gebetet!“

53 ←

IM PFARRHAUS UND DRUM HERUM

DON CAMILLO UND PEPPONE?

Ein Bauer kommt zum Pfarrer und beschwert sich: „Was erzählen Sie meinem Kind: Wenn dich jemand auf die rechte Wange schlägt, dann halte ihm auch die linke hin? Was soll der Unsinn?" Der Pfarrer wehrt sich und sagt: „Ich sage es nur, wie es im Evangelium steht, ich kann nichts dazutun und nichts wegnehmen." Da gibt ihm der Bauer eine Ohrfeige und gleich noch eine auf die andere Seite, denn er kann den Pfarrer sowieso nicht leiden. Der Pfarrer, der auch recht stattlich gebaut ist, gibt dem Bauern auch zwei Ohrfeigen und meint: „Es steht geschrieben: Mit welcherlei Maß ihr messt, so wird auch euch gemessen werden. Ein volles, gerütteltes Maß wird man euch geben." Und damit verpasst er dem Bauern noch drei paar Ohrfeigen.

Der Dorfpolizist kommt, vom Lärm angelockt, näher und fragt, was hier los sei. Darauf antwortet der Pfarrer: „Ach, wir legen uns nur die Bibel aus."

ANSCHAULICHES BEISPIEL

Der Pfarrer spricht in der Sonntagspredigt über die Schöpfung Gottes, die sich selbst in den kleinsten Dingen zeigt. „In jedem Grashalm, den Gott geschaffen hat, steckt eine ganze Predigt.“
Am nächsten Tag kommt ein Gemeindemitglied am Pfarrhaus vorbei und beobachtet den Pfarrer beim Rasenmähen. „Guten Tag, Herr Pfarrer“, ruft er freudig aus, „ich sehe mit Freude, dass sie Ihre Predigten kürzen.“

VORSICHT! WORTHÜLSEN

Ein von Sorgen und Krankheit geplagtes Weiblein klagt dem Pfarrer ihre Not. Der sitzt bequem hinter seinem Schreibtisch und versucht, der Frau gut zuzusprechen.
„Trösten Sie sich“, sagt er, „denn es steht geschrieben: Wen Gott lieb hat, den züchtigt er.“
„Das wird schon so sein“, sagt die Frau traurig und betrachtet nachdenklich das runde, zufriedene Gesicht des Pfarrers. Dabei kommt ihr plötzlich ein Hoffnungsschimmer.
„Ach, Hochwürden“, sagt sie zutraulich, „ich seh’s Ihnen an, dass Sie mir raten können, wie man es anfängt, dass einen der Herrgott nicht mehr gar so schrecklich gern hat.“

BESENWEISHEIT

Ein Pfarrer hat seiner Gemeinde schon viele Jahre gedient und meint, es sei nun vielleicht doch an der Zeit, einem Jüngeren mit frischer Kraft und neuen Ideen Platz zu machen. Aber bevor er etwas unternimmt,

spricht er mit einem der alten Bergbauern über seine Absicht, sich zur Ruhe zu setzen: „Weißt, Franzl“, meinte er schließlich, „man sagt ja, neue Besen kehren gut.“
Der alte Mann denkt eine Weile nach. „Stimmt schon, Herr Pfarrer“, sagte er dann, „neue Besen kehren gut. Aber der alte Besen weiß, wo der Dreck sitzt.“

DER GEIST WEHT, WO ER WILL

Der Pfarrer geht abends spazieren und liest sein Brevier. Er ist müde und das Beten fällt ihm schwer. Als er aus dem Dorf rauskommt, wird es ganz schön kühl und zugig. Von Zeit zu Zeit fährt der Wind ins Brevier und weht ein Blatt oder gar noch mehr um. Der Pfarrer hält das Buch etwas höher und murmelt demütig: „Herr, wie du willst! Ich hätt' mich nicht getraut.“

DIE GNADE DER SAKRAMENTE

Zwei Pfarrer treffen sich und scheinen betrübt. „In meinem Glockenturm hausen Fledermäuse, und die wollen einfach nicht verschwinden. Obwohl ich die Glocken immer besonders lange läuten lasse, bleiben sie, wo sie sind."

„Bei mir ist es noch schlimmer, bei mir sind die Viecher sogar oben im Schiff. Und wenn Gottesdienst ist, muss ich die Predigt abkürzen, sonst stürzen sie sich auf die Gläubigen."

Kommt frohen Sinnes ein dritter Pfarrer des Wegs: „Na, Kollegen? Ihr seht ja so betreten drein, was ist denn los?" Die beiden klagen ihm ihr Leid: Fledermäuse. „Hach", sagt der dritte, „die hatte ich auch. Sind aber alle weg!"

„Wie, weg?", fragen die zwei. „Wie hast du denn das hingekriegt?"

„Ganz einfach. Zuerst habe ich sie getauft und dann gefirmt. Dann waren sie weg."

WENN'S NUR DAS WÄRE

Der Pfarrer sitzt mit Hans am Wirtshaustisch und muss eine Frage nach der anderen über Kirchensteuer, Papst, Frauen als Priester, Zölibat... beantworten. Zuletzt fragt der Hans: „Herr Pfarrer, ich möchte am Schluss einmal wissen, warum es eine Sünde ist, bei einem Mädchen zu schlafen." Darauf der Pfarrer: „Das Problem ist, ihr schlaft ja eben nicht."

HAHNENSTOLZ

Ein Jesuit kommt zu einer Predigt in ein Pfarrhaus. Hinterher ist er zum Mittagessen eingeladen. Die Köchin bringt für jeden ein kräftiges Hähnchen herbei. Aber noch ehe man beginnen kann, wird der Pfarrer dienstlich abgerufen. Er sagt zum Pater: „Fangen Sie ruhig schon mal an, ich komme gleich nach." Der Jesuit isst sein Hähnchen, und da es ihm gut schmeckt und der Pfarrer immer noch nicht zurück ist, bekommt er Appetit auf das zweite Hähnchen. ‚Ehe es kalt ist, esse ich ein Stück',

denkt er. Bald ist das ganze Hähnchen des Pfarrers im Magen des Jesuiten verschwunden. Als der Pfarrer schließlich nach einer guten Stunde wiederkommt, findet er die Platte leergegessen. Er macht gute Miene zum bösen Spiel und lässt sich etwas anderes von der Küche herrichten. Nach dem Essen gehen sie in den Pfarrgarten und bewundern dort die Blumen, die Bäume und den Hühnerstall. In dem Hühnerstall ist ein herrlicher großer Hahn, und der Jesuit sagt: „Was für ein prächtiges Tier!"
„Ja", sagt der Pfarrer, „der hat auch Grund, stolz zu sein. Denn er hat zwei Söhne bei den Jesuiten."

RESÜMEE

Der Pfarrer eines bayerischen Dorfes geht in den Ruhestand. Der neue Pfarrer besucht ihn und will etwas über die Menschen und die Gepflogenheiten wissen.
„'S san böse Leut'", murmelt der alte Pfarrer bedrückt, dann hellt sich seine Miene etwas auf, „aber gute Katholiken!"

DER TEUFEL SOLL SIE HOLEN, DIE GELE(H)ERTEN!

Bei einer Visitation besichtigt ein Bischof auch die Kellerräume des Pfarrhauses. Mit Befremden bemerkt er Berge von leeren Weinflaschen, die hier aufgestapelt sind.
„Hier liegen aber sehr viele Leichen!“, sagt er zu dem Pfarrer.
„Keine Sorge, Euer Exzellenz“, antwortet der Pfarrer, „keine ist ohne geistlichen Beistand gestorben.“

65 ←

AUF KRUMMEN WEGEN

GEDANKENLESEN

Blum trifft am Versöhnungstag seinen Konkurrenten Löw im Bethaus. Gewillt, mit ihm Frieden zu schließen, streckt er ihm die Hand hin und sagt: „Ich winsche dir dasselbe, was du mir winschst!"
„Fängst de schon wieder on!", erwidert Löw gekränkt.

LIEBER AAL!

Drei Juden unterhalten sich, wer wohl den liberalsten Rabbi hat. „Unser Rabbi kummt am Schabbes mit dem Auto in die Synagoge gefohrn." „Unser Rebbe isst am Versehnungstag vor versammelter Gemeinde ein Schinkenbreetchen!" „Och", prahlt schließlich der dritte, „unser Rebbe hängt am Jom Kippur ein Schild an die Synagogentier: Haite wegen Feiertog geschlossen!"

FEILSCHEN

Simon Parech wandert über Land. Da entdeckt er einen schönen Birnbaum.
„Lieber Gott, wenn ich hinaufklettern und mir a por Birnen pflicken mechte, 10 Taler teet ich geben fir de Bedirftigen."
Er beginnt zu klettern, es geht besser als gedacht. Auf halbem Weg sagt er: „Nu, trei Taler teet ich wirklich gebn."
Endlich, als er schon in Reichweite der Birnen ist, meint er: „Ach wos, gor nix werd ich gebn."
In diesem Augenblick bricht der Ast. Simon fällt auf die Erde. Verstimmt murmelt er: „Gleich schmeißt er! Vielleicht hätt ich jo doch wos gegebn."

NICHTJÜDISCH

Samuel Silberstein tritt zum Christentum über. Er will in einen mondänen Golfklub aufgenommen werden. Der Sekretär fragt ihn:
„Wie heißen Sie?"
„Sam Silverstone."
„Was ist Ihr Beruf?"
„Bankier."
„Welche Religion haben Sie?"
„Natürlich die goyische!!"

UNGLAUBE

Zwei Juden treffen sich am Sabbat.
„Stimmt es", sagt der eine, „dass du bist unserem Glauben abtrinnig geworn?"
„Jo", gibt der andere zur Antwort.
„Glaubst du denn nicht mehr an Gott?"
„Weißt du, loss uns von wos anderem reden!"
Am nächsten Tag treffen sie sich wieder.
„Es lässt mir keine Ruhe, glaubst du noch an Gott?"

„Nejn!“
„No, dos hättest du mir oich schon gestern gesagt haben kennen!“
„Bist du meschugge? Am Sabbat!“

HIN UND HER

Wieder ist ein Wettstreit entbrannt, wer den liberalsten Rebbe hat. Erster Jude: „Ist gewesen bei uns große Feiersbrunst. Is der Rebbe gestiegen oifs Dach von Synagoge und hot gesugt: Faier hin, Faier her, und Faier war weg!“ „Bei uns“, sagt der zweite, „war ein Hochwasser. Is der Rebbe gestiegen oifs Dach von Synagoge und hot gesugt: Wosser hin, Wosser her, und Wosser war weg!“ Berichtet der Dritte: „Unser Rebbe hat geheert am Sabbath, doss sin gefallen die Kurse an der Berse: Hot er gesugt: Sabbath hin, Sabbath her, und is nach New York geflogen!“

GOLF AM SABBAT

Ein Rabbi ist ein passionierter Golfspieler. Leider regnet es die ganze Woche lang ununterbrochen, und so kann er kein Golf spielen. Doch dann, an einem Sabbat-Morgen: Wunderschönes Wetter!
Er stellt sich die Frage: „Sabbat oder Golf?". Er schaut nochmals aus dem Fenster: Der Rasen glänzt und kein Wind ... Einfach perfektes Golf-Wetter. Fünf Minuten später steht er auf dem Golfplatz, natürlich getarnt, und zielt auf das Loch. Ein Engel fragt den HERRN: „Herr! Siehst du das?!? Das darf er doch nicht! Du musst ihn bestrafen!"
„Keine Sorge, er wird seine Strafe erhalten."
Der Rabbi nimmt Schwung und ... HOLE IN ONE!!!, mit einem Schlag setzt er den Ball ins Ziel.
Der Engel ist entsetzt: „HERR, hast du das gesehen! Und wo ist denn da die Bestrafung?"
Der HERR: „Jaja ... Und wem, bitt scheen, soll er dos jetzt erzählen?"

VOM REBBE

NATÜRLICHE AUSLESE

Fragt ein Mann einen Rabbiner: „Wieso habt ihr Juden unter euch eigentlich so viele begabte Menschen: Wissenschaftler, Künstler, Politiker, Sportler, Kaufleute ...?"
„Bei uns is es so", gibt der Rabbi zurück, „doss wir glejch nach der Geburt erkennen, doss ein Kind begobt is und es wird demgemäß erzogn." – „Ja, und was macht ihr mit den weniger begabten?" – „Die lossen wir toifen!"

STREITIGKEITEN

Zwei Nachbarinnen gehen wegen eines Topfes zum Rebbe.
„For wos gibst du den Topf nicht zurick, den du dir host ausgeliehn?", fragt der Rebbe die Beklagte.
„Aber Rebbe!", schreit sie, „erstens hob ich mir gor keinen Topf geliehn, zweitens hatte der Topf a Loch. Und drittens hob ich ihn schon längst zurickgegebn."

BESTECHENDE LOGIK

Der Rebbe ermahnt seinen Bruder, er solle doch mit dem Saufen aufhören, das schade dem Ruf der Familie.

„Wos willst du denn“, fragte ihn der Trinker, „Meine Familie ist besser als deine!“

Der Rebbe schaute ihn nur verständnislos an.

„Dos kann ich beweisen: Ich hob einen Bruder, der ist Rebbe, du aber hast nur einen Sajfer zum Bruder!“

KURZ UND GUT

Eines Tages fragt der Rabbi: „Wieso bist du so schnell mit dem Beten fertig, es ziemt sich, längere Zeit mit Gott zu sprechen.“ Herschl von Ostropol, der berühmte Spaßmacher, sagt: „Was wundert Ihr Ejch, Rebbe? Ihr misst Gott fier so vieles danken: fier Eier Gold, dos Silber, fier Eier scheenes großes Haus, die wertvollen Teppiche und die scheenen Meebel, fier Schmuck und Edelsteine, fier die edlen Pferde und die Ländereien, fier Eire junge Frau und die vielen Bediensteten und so weiter... Bis Ihr dos olles hobt aufgezählt, is der holbe Tog vergangen. – Für was soll ich aber danken? A altes Weib, a paar hungrige Kinder, eine magere Ziege – schon bin ich fertig!“

EIN- UND AUSGANG IST DAS LEBEN?

„Rabbi, sag mir, lebt me das Leben von ‘erinnen nach ‘eraußen oder von ‘eraußen nach ‘erinnen?“ Der Rabbbi verlangt eine Woche

Zeit zum Nachdenken. „Nach einer Woche kommt der Fragesteller wieder: „Rabbi, lebt me das Leben nu von ‘erinnen nach ‘eraußen oder von ‘eraußen nach ‘erinnen?“ „Wenn ich mirs recht iberleg, muss ich dir sagen: Nejn!“

KRIEGERISCHER FRIEDE

„Rebbe! Ihr seid doch allwissend. Sagt mir, wird es Krieg geben?“
Der Rabbi denkt lange nach und verkündet: „Es wird keinen Krieg geben, aber es wird einen gewaltigen Kampf um den Frieden geben, dass kein Stein auf dem anderen bleiben wird!“

DAS AUGE WILL AUCH SEINEN TEIL!

„Unser Rebbe steigt auf die Bank und sieht von dort oben bis nach Jerusalem!“ „For wos muss er da oif die Bank steigen?“ „Er will, doss die Wunder aussehen naturgetrai!“

SCHLAFLOSIGKEIT

„Nach Eirer gestrigen Predigt konnte ich die gonze Nacht kein Auge zutun“, sagte ein Zuhörer zum Wanderprediger.
„So hobn Eich meine Worte beeindruckt?“
„Dos weenigr. Aber wenn ich am Tog schlafe, liege ich hinterher die gonze Nacht wach.“

81 ←

PLATZ DA?!

Ein russischer Jude geht zum Rabbi: „Mein Haus ist zu klejn fir mejne zehnkepfige Familie, wos soll ich mochn?“ „Kauf dir noch eine Ziege und nimm sie mit in dein Haus!“ Nach einer Woche kommt der Mann und sagt: „Rebbe, es is noch schlimmer gewordn!“ „dann nimm noch ein paar Hiehner zu dir!“ Doch wieder nach einiger Zeit klagt der Jude, dass es noch schlimmer geworden ist. „Nun, dann wirf alle Tiere wieder aus deiner Wohnung heraus!“ Als er den Juden eine Woche später trifft, meint der: „Noch nie hotten wir so viel Platz, Rebbe!“

TJA, NU?!

Präsident Bush möchte herausbekommen, wieso die Juden immer schon alles vor ihm wissen. Er beauftragt die CIA und den FBI. Eine Woche später kommt die Antwort: Die Juden haben etwas, was sie Sabbat nennen. Da treffen sie sich in den Synagogen und haben ein Losungswot. Das heißt: Nu. Wenn der eine zum anderen sagt: Nu, dann erzählt der ihm alle Neuigkeiten. Bush will sich davon selbst überzeugen. Er sagt niemandem ein Wort, besorgt sich bei einem Kostümverleih einen Kaftan und verkleidet sich als israelischer Rabbi. Dann geht er in die nächste Synagoge und setzt sich neben einen der Anwesenden. Nach einigen Augenblicken fragt er seinen Nachbarn: Nu? – Der Mann antwortet: „Pst, Bush soll heite hier sein!“

DAVON STEHT NICHTS IM TALMUD

Zwei Rabbis gehen an einem Sportplatz vorbei und beobachten einen Diskuswerfer. Einer von ihnen bemerkt: „Wos, jetzt vor Pessach wirft er die Mazzes weg?!“

DIE LOGIK DES ALLTAGS

WEIBLICHE LOGIK

In einer israelischen Stadt geht der Bürgermeister mit seiner Frau spazieren. An einer Baustelle grüßt ein Maurer freundlich die Frau Bürgermeister und redet sie mit ihrem Vornamen an. Der Bürgermeister ist verwundert und fragt hinterher seine Frau, woher sie den Maurer kenne. „Ach, der ist mit mir in die Schule gegangen, er war mein erster Freund."
„Zum Glück hast du nicht ihn, sondern mich geheiratet, sonst wärest du heute nicht die Frau eines Bürgermeisters, sondern die Frau eines Maurers."
„Da irrst du dich", gibt die Frau zurück. „Hätte ich ihn geheiratet, wäre er heute der Bürgermeister."

FAST WIE IN ITALIEN

„Mojsche, wos bist'de hait so schweigsom?"
„Bei der Kälte soll ich die Händ aus den Taschen nehmen?"

BADEN IM HERBST

Eisik geht im Januar am Seeufer spazieren: Sieht er plötzlich seinen Freund Löwenthal in einem Eisloch zappeln.
„Löwenthal, bist du eingebrochen?“ „Nejn, der Winter hot mich beim Baden iberroscht!“

87 ←

IMMER DIE LEUTE!

„For wos stehst'e immer draußen am Balkon, wenn ich singe?", fragt die Ehefrau, „du weißt doch, dass mich dos verletzt."
„Nu, wos erwartest du? Soll ich vielleicht im Haus bleiben, doss de Nachbarn megen denken, doss ich dich schlag?!"

WIE DU MIR NICHT, SO ICH DIR NICHT

„Kohn ist gestorbn, gehst du auf seine Beerdigung?"
„For wos sollt ich? Wird er auf mejne kummen?"

DA WIRD EINEM HEIß!

Shmuel sitzt in der Straßenbahn in Berlin, es ist tiefster Winter, und das Fenster neben seinem Sitz ist halb offen. Der Fahrgast hinter ihm friert und tippt Shmuel auf die Schulter: „Würden Sie bitte das Fenster zumachen, es ist kalt draußen!“ Keine Reaktion. Er probiert‘s nochmal und nochmal, jedes Mal mit mehr Nachdruck. Schließlich genervt ob so viel Unfreundlichkeit, lehnt sich der kalte Fahrgast über die Sitzlehne und schmeißt das Fenster selbst zu. Shmuel: „Nu? Und jetzt is es worm draußen?“

EINE ECHTE VIECHEREI

Zwei Freunde streiten sich. „Du Rindvieh!“, entfährt es dem einen.
„Vielleicht bin ich wirklich ein Rindvieh“, gibt der andere zu, „nur fragt es sich: bin ich es, weil ich dein Freind bin oder bin ich dein Freind, weil ich ein Rindvieh bin?“

SCHLAFSTÖRUNG BEI TIEREN

„Hat der Herr gut geschlafen?“, will der dienstbeflissene Wirt wissen. „Ja, tief und fest. Nur die armen Wanzen hobn de gonze Nacht kejn Ojge zugemocht.“

LÖCHRIGE LOGIK

Ein Ehepaar ist in Chelm unterwegs. Plötzlich fängt es an zu regnen. „Jossel, mach doch den Schirm auf." „ Das geht nicht, er ist doch kaputt." „Warum hast du ihn dann mitgenommen?" „Konnte ich denn wissen, dass es regnet?"

WER SCHREIBT, DER BLEIBT!

Manöver in Israel. Eine Flussbrücke trägt für das Manöver ein Schild: „Die Brücke ist gesprengt." Der Hauptmann sieht von seinem Hügel aus durch das Fernrohr empört, wie eine Gruppe Infanteristen seelenruhig dennoch über die Brücke marschiert. Zornig fährt der Hauptmann mit seinem Jeep heran und will die Soldaten tüchtig anschnauzen. Da sieht er zu seiner Verblüffung, dass sie ein Transparent tragen mit der Aufschrift: „Mer schwimmen."

MINISTER OHNE LAND

Ein alter Freund des Ministerpräsidenten beschwert sich: „Host du mich etwa vergessen bei der Vertejlung der Ministerposten? Du könntest a Ministerium fier de Kolonien errichten." „Wieso, wir haben doch gar kejne Kolonien?"
„Na und, wir hoben doch auch a Ministerium fier de Finanzen!"

... DER BART IST AB

Ein Jude aus Osteuropa kommt nach New York. Am Sabbat sieht er auf einer Parkbank einen glattrasierten Herrn eine Zigarre rauchen und in einer jiddischen Zeitung lesen. Begeistert ruft er aus: „Wos fier a scheenes Land, hier lesen sogar die Gojim jiddische Zeitungen."

SELBSTGESPRÄCH

Ein junger Mann schiebt einen Kinderwagen im Park hin und her, und sein Nachwuchs brüllt aus voller Lunge. Der Vater schaukelt das Kind und sagt leise:
„Moische, ich bitt dich, beruhige dich! Sei verninftig, Moische!"
Eine ältere Dame geht vorbei und spricht voll Bewunderung zum Vater:
„Sie sind aber ein geduldiger Vater! Und was für ein schönes Kind Ihr Moische ist!
„Aber nejn, Madam. Das Kind hejßt Sarah. Moische, dos bin ich."

ABWECHSELNDES DUELL

Zwei Juden kommen zum Duell. Großes Erstaunen, es ist nur ein Revolver da: „Nu“, sagt der eine, „schießen wer eben abwechselnd!“

95 ←

DAS HILFT!

Im alten Petersburg fiel ein Jude in die Newa. „Gewalt!“, schrie er. „Rettet mich!“
Zwei zaristische Polizisten hören es, machen aber keine Anstalten, ihn herauszuholen. „Hilfe, ich ertrinke!“ Doch die Polizisten lachen nur. Dem Ende nahe schreit schließlich der Jude: „Nieder mit dem Zaren!“ Sofort springen die Polizisten ins Wasser, ziehen ihn heraus und führen ihn ab.

P, P UND WIEDER P

„Mojsche, wos soll ejgentlich das P im Namen Haman?“
„Im Namen Haman is doch gor kejn P.“
„No, for wos is keins drin?“
„Wos soll denn ein P im Namen Haman?“
„Dos frog ich doch gerade!“

ALSO DOCH!

„Nechtn, ich mojn gestern, is der Mendel bei mir gewest. Wollt er mich verpriegeln."
„No, for wos wejst du dos, dos er hat gewollt?"
„No... hätt er nicht gewollt, hätt er's nicht gemocht!"

SCHILLERNDES GESCHÄFT

Ein Jude kommt in einen Buchladen: „Ich mechte Schillers Sämtliche Werke!" „Welche Ausgabe?", fragt die Verkäuferin. Der Jude nickt mit dem Kopf: „Recht habt Ihr, welche Ausgabe!", und verlässt das Geschäft.

WAGNERISMUS

Ein Jude geht in die „Götterdämmerung". Es dauert drei, vier, fünf, SECHS STUNDEN! Als er aus dem Theater kommt, fragen die Freunde, wie es gewesen sei. „No, gut wors, nur der Schluss wor ebbes iberstirzt!"

FALSCHER ADRESSAT

Ein Jude reitet wie wild auf seinem Ross durch die Gegend. Ein Freund ruft ihm zu: „Was reitest so schnell? Wohin??“ Ehe der Reiter aus Hörweite verschwindet, gibt er zurück: „Was frogste mich, frogs Pferd!“

99 ←

ARM ODER REICH?

„Wenn du auf der Gass hunderttoisnd Rubel findn wirdest, Isidor – wirdest du sie abliefern oder beholtn?"
„Weißt du, das kumt drauf an. Wenn ich wißt, dass se dem Baron Rothschild geherten, tät ich se beholten. Wenn se ober unserm Sinagogenvorsteher geheren wirden, der so arm is, dann tät ich se zerickgeben!"

ERST HANDELN, DANN DENKEN!

Zwei jüdische Fuhrleute kommen auf der Gass entlang. Da hat der Sturm einen Baum umgestürzt, quer über den Damm. Sie steigen ab und beratschlagen.
Inzwischen kommt ein ukrainischer Bauer, steigt ab, zerrt den Baumstamm an die Seite und fährt weiter. Sagt der eine Jude zum andern: „Ah, Kunststick, mit Gewalt!"

IRRTUM

Tante Sare, das größte Schandmaul der Familie, ist verstorben. Der Rabbi hält die Leichenrede. Er lobt die Friedfertigkeit und Milde der Entschlafenen, ihre Bescheidenheit und Zurückhaltung. Onkel Isaak hält es nicht mehr aus: „Kumm“, sagt er zu seinem Neffen Moritz, „me sind auf der falschen Beerdigung.“

DES PUDELS KERN

„Eli, ich will dir a Problem zu lesen gebn: Do is a Teich, rund herum fiehrt a Weg. An einem Ufer steht a Dackel und will auf de andere Seite. Er darf ober nicht schwimmen, noch auf dem Weg laufen. Wie kummt er hiniber?“
„Do muss ich denken ... Nejn, ich wejs es nicht.“
„Gonz ejnfach: er schwimmt.“ „No, ich denk, er soll nicht schwimmen?!“
„No, er schwimmt eben doch!“

IST DAS KOSCHER?

LOGIK, DIE BESTICHT

Simon Stern bestellt in einer Konditorei einen Apfelkuchen, lässt ihn dann aber wieder zurückgehen und nimmt dafür einen Likör. Als er ausgetrunken hat, verlässt er das Lokal. „Herr", ruft ihm der Konditor nach, „Sie haben den Likör nicht bezahlt!" „No, ich hob Eich doch den Apfelkuchen davor gegeben." „Aber der war doch auch nicht bezahlt!" „No, hob ich ihn denn gegessen?"

SAUER MACHT LUSTIG

Ein Jude bestellt im Restaurant: „Kellner, ein Teller Borscht!" Der Kellner bringt einen Teller Suppe und der Gast beginnt zu essen: „Kellner, die Borscht is nich sauer genug!" „Das is keine Borscht, das is Buljong." „Is es Buljong, is es sauer genug!"

NUR EINE FRAGE

Ein Jude geht an einem Fleischer vorüber, sieht die herrliche Auslage und kann sich nicht beherrschen. Er geht hinein und sagt: „Wos kostet der Schinken?“ In diesem Moment tut es hinter ihm einen mächtigen Donnerschlag. Er wendet sich um und sagt: „No, fragen wird mer doch noch derfen!“

WARUM EINFACH, WENN'S ...

Ein Rabbi im Restaurant. Er bestellt sich eine Suppe. Der Kellner bringt diese und stellt sie auf den Tisch. Er dreht sich um und will gehen, da spricht ihn der Rabbi an: „Probieren Sie mal die Suppe!“ Kellner: „Kein Problem, wenn die Suppe zu kalt ist, tausche ich sie aus.“ Rabbi: „Nejn, nejn, probieren Sie sie selber mal!“ Kellner: „Aber, mein Herr, ist gar kein Problem, ich bringe Ihnen eine neue, wunderbar frische und warme Suppe“. Rabbi: „Probieren Sie!“ Kellner: „Also...“ Rabbi: „Probieren, hob ich gesagt!“ Der Kellner setzt sich: „Wo ist denn der Löffel?“ Rabbi: „Eben!“

SECOND HAND

Wirt zum Gast: „Heert Ihr, Ihr kennt unsere Zahnstocher meinetwegen auf den Boden werfen. Ihr kennt Eich damit den Kopf kratzen, Ihr kennt Eich die Fingernägel reinigen. Aber Ihr misst se doch nicht zerbrechen!“

KELLNER MOSES

Ein koscheres Restaurant. Im Schaufenster hängt ein Bild von Moses. Ein galizischer Jude tritt herein – was sieht er? Der Kellner ist glatt rasiert, was nach jüdischem Ritus verboten ist. Der Jude fragt misstrauisch: „Ist das hier wirklich koscher?" Kellner: „Natürlich, sehen Sie nicht das Bild von Moses im Fenster hängen?" Der Jude: „Das schon. Aber offen gestanden: Wenn Ihr im Fenster hängen und Moses servieren würde, donn hätt ich mehr Vertrauen."

NICHT FISCH, NICHT FLEISCH

Kohn im Restaurant: „Ober, gebt mir von dem Fisch!"
„Verzeihung, mein Herr, das ist Schinken!"
„Hob ich gefrogt, wie er heeßt, der Fisch?"

METAMORPHOSE

Ein Jude zieht in eine sehr katholische Gegend. Jeden Freitag werden die Katholiken sehr nervös; denn während sie ihren Fisch essen, sitzt der Jude im Garten und grillt Steaks. Also machen sie sich daran, ihn zu konvertieren. Schliesslich, mit Bitten und Drohungen schaffen sie es. Sie bringen ihn zu einem Priester, der besprenkelt ihn mit gesegnetem Wasser und spricht:
„...geboren als Jude,
...aufgewachsen als Jude,
...jetzt ein Katholik."
Die Katholiken sind begeistert. Keine verführerischen Gerüche mehr am Freitag. Aber am nächsten Freitag zieht der Grillgeruch wieder durch die Nachbarschaft. Die Katholiken rennen alle zum Haus des Juden, um ihn an seine neue Diät zu erinnern. Sie finden ihn am Grill stehend, wo er Wasser über die dicken Steaks sprenkelt und sagt:
„...geboren als Kuh,
...aufgewachsen als Kuh,
...jetzt ein Fisch!"

GESCHÄFT IST GESCHÄFT

Zwei Bettler sitzen auf einer Bank. Der eine hat ein Kreuz in der Hand, der andere hält einen Davidsstern. Jeder hat einen Hut für Almosen vor sich. Die Leute gehen vorbei, schauen aber den Mann mit dem Stern gar nicht an, dem mit dem Kreuz aber werfen sie ein paar Münzen hinein. Dessen Hut ist voll, der andere leer.
Ein Priester sieht das und geht zu dem mit dem Stern: „Junger Mann, das hier ist ein katholisches Land, hier werden Sie mit Ihrem Stern keine Spenden bekommen."
Der mit dem Stern wendet sich an seinen Nachbarn: „Moische, konnste dir vorstelln, doss dieser Mann mecht uns belehrn, wie wir unsere Firma fiehrn?!"

GEWUSST WO

Ein Mann hat eine Autopanne. Mehrere Mechaniker versuchen sich daran ohne Erfolg, da kommt ein jüdischer Autoschlosser, hebt die Motorhaube, schlägt mit dem Hammer einmal zu und der Wagen läuft wieder. Der Mann ist glücklich: „Was bin ich ihnen schuldig?“
„Zwanzig Kronen!“ Das ist dem Mann zu viel und er verlangt eine detaillierte Rechnung. Der Jude schreibt: Schlag mit dem Hammer 1 Krone, gewusst wo 19 Kronen, macht 20 Kronen.

NICHT AM SABBAT!

Am Sabbat geht ein Jude an einem jüdischen Geschäft vorbei, der Besitzer tritt heraus und flüstert: „Heute Ausverkauf, alles zu holbe Preise!“ Der Passant entrüstet sich: „Heute am Sabbat mocht Ihr Geschäfte!“ „Wos fir Geschäfte?, zu holbe Preise!“

WENN SCHON, DENN SCHON!

Lehrer: „Jossel, was war das größte Unrecht, was die Brüder Josefs ihm antaten?“
Jossel: „Dass sie ihn so billig verkauft haben. Er war jung, schön und kräftig und unter Briedern mehr wert als die zwanzig Silberstücke.“

DIE GOLDENE MITTE

In einem jüdische Stetl gab es in einer Gasse ein Haus mit drei Schuhgeschäften. Natürlich hatten alle drei nur einen kümmerlichen

Umsatz. Was tun? Eines Tages hing vor dem ersten Laden ein Schild: „Verkauf von hochmodernem Schuhwerk". Als der Besitzer des zweiten Schuhgeschäfts das sah, ließ er sich ebenfalls ein Reklameschild anfertigen: „Importschuhe, besonders preiswert".
Am nächsten Tag prangte über der Tür des dritten Ladens ein großes Schild mit der Aufschrift: „Haupteingang".

GESCHÄFTSPOST

„Sehr geehrter Herr!
Wer hat mir versprochen, bis Ultimo zu zahlen? Ihr! Wer hat nicht Wort gehalten? Ihr! Wer ist ein Lump? ... Ihr sehr ergebener Mendel Beroche."

WEDER NOCH!

Zwei Herren sitzen im Zug von Krakau nach Warschau: ein Geschäftsmann und ein Handleser. „Ich werd' Eich die Gedanken aus der Hand lesen! Wenn ich richtig lese, kostet's zwanzig Euro!" Der Geschäftsmann ist einverstanden. Der Mann beginnt nun die Hand des andern zu kneten und zu betrachten, schließlich sagt er: „Ihr fahrt nach Hause, um Bankrott anzumelden!" Der Geschäftsmann zieht seine Brieftasche und überreicht dem Handleser 20 Euro. „Also, hob ich richtig gelesen?!" „Dos nicht, ober oif ne gute Idee hobt Ihr mich gebracht!"

KLAGE ERHÖRT!

Zwei Juden klagen an der Klagemauer. Einer ist arm, der andere reich. „Zwei Dollar, lieber Gott, zwej Dollar!" „Eine Million, lieber Gott, gib mir ejne Million, lieber Gott!" „Zwej Dollar, lieber Gott, zwej Dollar!" Da reißt dem reichen Juden der Geduldsfaden: „Da host du zwej Dollar, nur lenk mer den lieben Gott nich weiter ab!"

EINE FRAGE DES ZINSES?

Der reiche Schmihl hat eines Tages seine Geldbörse mit 2000 Gulden auf dem Weg zum Markt verloren. Er lässt ein Plakat auf dem Markt aushängen: „Geldbörse mit 2000 Gulden vermisst. Der ehrliche Finder bekommt 50 Gulden. Schmihl." Der stadtbekannte Schnorrer Schlojme schreibt in der Nacht darunter: „Biete 100 Gulden. Schlojme."

NICHTS GEHT LOS!

Itzek steht in seinem Garten, schmeißt eine Handvoll Münzen in die Luft und ruft: „Herr, moch, doss ich gewinn de Lotterie." Nichts geschieht. Das wiederholt er einige Wochen. Nach zwei Monaten tut sich plötzlich der Himmel auf, und eine Stimme erschallt: „David, gib mir a Chance, kauf dir a Los."

GRÖßER ALS ALLES IST DIE WEISHEIT

Der alte Blom übergibt seinem Sohn das Geschäft. „An zwei Prinzipien musst du unbedingt festhalten: Die da sind die Ehre und die Weisheit." „Wos bedejten diese bejden Prinzipien?", will der Sohn wissen. „Ehre bedejtet, doss du immer das halten musst, wos du versprichst. Wenn du versprochen hast am 15. September eine Ware zu liefern, dann musst du das tun."
„Und die Weisheit?"
„Du Esel, die Weisheit bedejtet, dass man nie etwas genau versprechen soll."

AUF GROßEM FUß

Ein Tourist kommt an den See Genezareth. Dort steht ein kleines Boot zur Überfahrt bereit. Er geht hin und fragt den Bootsführer: „Entschuldigen Se bitte die Frage, was kostet hinieberzufahren ieber den See Genezareth?" Der Bootsmann schaut ihn an und sagt: „50 Schekel!"
„50 Schekel? Dos is abber taier!"
„Nu, das is der See Ggenezareth, ieber diesen See is Jesus zu FUSS gegangen!"
„Kejn Wunder bei DIE Prejse!"

ÜBERFAHRT

DU SIEHST SCHLECHT AUS

Schmul kommt zum Uhrmacher Chaim: „Chaim, vor zwei Wochen hast du meine Uhr repariert und versprochen, dass sie bis an mein Lebensende gehen wird. Nun ist sie schon wieder kaput."
„Nu, vor zwej Wochen sahst du auch sehr schlecht aus."

SCHNELL GESCHALTET

Schlomo und Chaim wandern durch einen tiefen Wald. Da werden sie von Räubern überfallen: „Geld oder Leben!"
In diesem Augenblick wendet sich Schlomo an seinen Begleiter: „Mir fällt gerade ein, Chaim, doss ich dir noch finfzig Rubel schulde. Nu, hier host du dein Geld, nu sin mer quitt."

HÖHERE GEWALT

Ein Neureicher hat sich eine Villa mit Garten gekauft. Stolz zeigt er alles seinem Freund. „Natirlich is olles geegen Feier, Genewje (Diebstahl) und Hagel farsichert!“
„Gegn Hagel?“, verwundert sich der Freund: „No, wie machst du Hagel?“

OH, OH...

Bill Mandelbaum kommt zum Bahnhofsschalter gerannt: „Ein Billett nach Springfield, schnell bitte, mein Bruder liegt im Sterben.“
„Es gibt verschiedene Städte, die Springfield heißen“, gibt der Mann hinter dem Schalter zu bedenken. „Springfield – Ohio, Springfield – Illinois oder Springfield – Pennsylvania?“
Bill wischt sich eine Träne ab: „Welches Billet is dos billigste?“

AUF DIE PERSPEKTIVE KOMMT ES AN!

Kunde zum Makler: „Heren Sie mol, Sie hoben mir doch versichert, doss zu dem Haus ein Garten gehert. Is dos a Garten – drej Meter breit und finf Meter lang?"
„Nu, sehr groß is er nicht, aber hoch!"

DIE STÄRKEREN ARGUMENTE

Ein jüdischer Versicherungsagent will sich taufen lassen. Eine volle Stunde bleibt er beim Pfarrer, bis er wieder auf die Straße tritt.
„Nu, hot er dich getäuft?", will sein Freund wissen.
„Nejn", entgegnet der Agent und wischt sich den Schweiß ab, „ober ich hob en versichert!"